Elke Maria Raue

Eine Reise nach Italien

Wie Elina ihr Lächeln wiederfand

Edition Mini
Große Gedanken
in einem kleinen Buch

Bibliografische Information der Deutschen Nationalbibliothek
Die Deutsche Nationalbibliothek verzeichnet diese Publikation in der Deutschen Nationalbibliografie; detaillierte bibliografische Daten sind im Internet über http://dnb.d-nb.de abrufbar.

Edition Forsbach
Bücher mit Herz

www.edition-forsbach.de

Edition Mini: Große Gedanken in einem kleinen Buch
Band 14

Druck und Bindung: CPI Druckdienstleistungen GmbH
Ferndinand-Jühlke-Str. 7, 99059 Erfurt
Printed in Germany
ISBN 978-3-95904-148-5 (Print)
ISBN 978-3-95904-149-2 (E-Book)

Inhalt

Wie es begann 5
Die Erinnerungen 11
Bei mir angekommen 19
Selbstbetrachtung 25
Raum für mich 31
Von der Schönheit der kleinen Dinge 35
Vom Sein im Augenblick und den Sinnen 41
Vom Mut 47
Von der Fokussierung 49
Von der Langsamkeit zur Achtsamkeit 55
Vom letzten Morgen 61
Abschied 69

Dank 73
Zur Autorin 75

Wie es begann

So, jetzt fahre ich in Urlaub! Alleine. Das wird bestimmt gut. Ich traue mich.

Aber wohin denn? An die Ost- oder Nordsee? Nach Sylt vielleicht? Oder auf eine andere Nordseeinsel? Hm, dort oben ist es ja oft recht kühl. Und man fährt auch ziemlich lange dorthin.

Wärme wäre jetzt schön. Italien vielleicht? Da war ich vor Jahren schon so oft mit meinem lieben Mann. Jedes Mal waren es drei Wochen. Leckeres Essen, Entspannung, ein Meer, das perfekt ist für Kinder. Also perfekt auch für mich, denn mit meinen Schwimmkünsten ist es ja nicht weit her.

Italien fühlt sich reizvoll an. Nun, erst mal schauen, was der Terminkalender so hergibt. Die Wochen sind ausgefüllt mit Behandlungsterminen und anderen Pflichten. Eine einzige Woche bietet sich perfekt an.

Jetzt mag das Schicksal entscheiden: Wenn das schöne Hotel in dieser Woche noch ein Zimmer frei hat, dann geht es nach Italien. Dort kenne ich alles. Die Besitzer, das Hotel, die Umgebung.

Also Erholung von Anfang an. So beschließe ich, dass eine Woche genügt. Eine Woche wundervolle Auszeit.

Nur für mich. Welche Aussichten … Ich fühle mich ganz kribbelig.

Vor der Anfrage beim Hotel gilt es noch abzuklären: Wie käme ich denn überhaupt hin? Die erste weitere Reise seit langer Zeit, die ich alleine organisieren muss. Mit dem Zug?

Früher hatten wir mal den Nachtzug genommen, aber das traue ich mich alleine nicht.

Fliegen ist ja nicht gerade ökologisch, aber die einzige Option, die ich gerade sehe. Na gut. Ich spende ein wenig mehr als sonst an die Naturschutzorganisationen und kaufe so mein Gewissen frei. Vielleicht ein wenig kurz gedacht und Augenwischerei?

Aber ich möchte soooo gerne hin. Also mache ich es.

Im Internet erfahre ich: Es gibt bezahlbare Flüge ab Köln. Logistische Fragen sind also geklärt, und das Hotel hat in der mir möglichen Woche gerade noch ein einziges Zimmer frei. Wenn das nicht Fügung ist!

Ich kann es kaum glauben, fange sofort an zu überlegen, was ich alles in meinen Koffer packe. Schon stapeln sich ein paar Sachen auf dem freien Bett.

Ein kleines Lächeln legt sich leise auf mein Gesicht. Dieses Lächeln, so wird es sich bald zeigen, ist so schön anhänglich, wenn ich einladend bin.

Freunde von mir, denen ich von meiner Reiseplanung erzählt habe, laden mich ein, die Zwischenübernachtung in München für einen Besuch bei ihnen zu nutzen.

Das ist toll, ich mag die beiden sehr gerne. Carina hilft mir beim Buchen, denn ich habe noch keine Kreditkarte.

Freunde sind wahrlich etwas sehr Wertvolles. Unersetzlich. Ein Geschenk.

Das mit der Kreditkarte habe ich dann sofort geändert, damit ich künftig spontan und selbstständig handeln kann. Ich werde langsam, ja wirklich sehr langsam erwachsen, denke ich. Die Zeit scheint reif dafür.

Reiselust erfüllt mich. Ich bin kribbelig und durch und durch erfüllt von unbändiger Vorfreude auf neue Eindrücke. Und es ist wie von selbst aus meinem Inneren herausgekommen!

Wie lange habe ich ein solches Gefühl nicht mehr wahrgenommen?

Eine gefühlte Ewigkeit.

Gerade nachdem ich alles gebucht habe, kommt noch mal ein kleiner gesundheitlicher Rückschlag. Klein, dafür emotional anspruchsvoll.

Die Hoffnung hält mich aufrecht, dass es mir bis zum Urlaubsantritt wieder besser geht. Ich scheine doch ein zartes Pflänzchen zu sein. In meiner Vorstellung bin ich eher ein robustes Naturkind. Einfach am liebsten mit dem Rucksack in freier Natur unterwegs – nun ja, ich muss wohl dem IST ins Auge blicken.

Eine lange Therapieeinheit bei der sympathischen Kinesiologin tut gut und stabilisiert mich.

Rechtzeitig vor dem Urlaubsantritt geht es mir wieder recht gut, und die Vorfreude setzt erneut ein.

Ein leiser Zweifel „hoffentlich schaffe ich das auch alles“ kommt dann doch noch mal wie aus dem Nichts urplötzlich hoch und will mich verunsichern.

Aber ich beruhige mich: Nimm einfach alles mit, was dich im Falle eines Falles irgendwie retten könnte, dein Weihrauchöl, einfach alles!

So rede ich mit mir, wie mit einem kranken Esel. Ich kratze alle Hoffnung und Zuversicht zusammen und baue sie auf. Was kann denn schon passieren? Zur Not bleibe ich halt auf meinem Zimmer …

Ja, Selbstsuggestion hilft oftmals wirklich gut!

Wie war das doch gleich noch?

„Eine Schlucht überwindet man nicht in zwei Sprüngen.“

Also entscheide ich mich für Vorfreude und ziehe die Mundwinkel in Richtung Lächeln.

Das soll ja helfen, sich besser zu fühlen.

Und es hilft mir tatsächlich.

Alles ist gut vorbereitet. Ich schaffe das! Wie wird es wohl sein? Wie wird es mir dort ergehen?

Es ist auch eine Reise in die Vergangenheit. Maria sagt, ich soll dort nicht nur an die Vergangenheit, an die Zeit mit meinem lieben Mann denken, sondern auch an die Gegenwart.

Ich soll mehr versuchen, im Jetzt zu leben und zu sein und alles zu genießen.

Ja. Recht hat sie. Sie ist so klug und immer so schön wohltuend klar und ehrlich.

Eine wahrhaft gute Freundin. Ich weiß es im Grunde selbst und doch tut es gut, erinnert zu werden.

Und ja, ich will es umsetzen, nehme ich mir zumindest fest vor. Nun, ich werde sehen, wie es sein wird, und ob es mir gelingt.

Und jetzt: Mit ganzem Herzen und innerlich fest entschlossen. Es geht los! Endlich wieder einmal eine kleine Reise!

Die Erinnerungen

Heute ist Mittwoch – seit Sonntag bin ich jetzt schon hier in Italien. Wirklich seit Sonntag? Erst? Schon? Irgendwie habe ich das Gefühl, dass ich schon länger hier bin.

Gerade eben auf dem kleinen Flughafen gelandet, da bin ich nicht nur körperlich, sondern auch schon gefühlsmäßig in Italien angekommen. Roberto hat mich abgeholt. Er ist inzwischen herrliche 20 Jahre jung. Ich kenne ihn noch, da ist er herumgeflitzt und ging mir gerade mal bis zur Hüfte. Und jetzt? Ein fescher junger Mann. Mit vielen Ideen für sein Leben.

Ankommen und da sein. Sich wohlfühlen. Sofort. So ist es für mich. Es sieht hier immer noch anders aus als zu Hause. Die Häuser und Straßen, alles nicht so geschniegelt. Ein bisschen verfallen teilweise, nicht so ordentlich wie bei uns in Deutschland. Und das Interessante ist, dass es mich gar nicht stört. Im Gegenteil. Bin ich doch einerseits perfektionistisch veranlagt, scheint es da noch eine andere Seite zu geben, die gerne mal anders sein will.

Herrlich unkonventionell hier in Italien, denke ich. Entspannt, frei, locker, nicht so sklavisch an Regeln festhalten.

Auch beim Autofahren. Wie hat doch mein lieber Kollege oftmals zu mir gesagt: „Jutta Kleinschmidt war wieder unterwegs. Ich bin hinter dir hergefahren und wusch …"

Dabei fahre ich doch bloß zügig und der Situation angemessen! Was kann ich für die Schilder? Der Gedanke amüsiert mich.

Ich habe den Eindruck, dass die Italiener, so kenne ich das auch von früher, deutlich temperamentvoller fahren als die meisten Deutschen. Und doch: Hier gehe ich über die Straße und habe das Gefühl, dass mir nichts passieren kann. Ich werde garantiert nicht überfahren, fühle mich hier wie in Abrahams Schoß.

Ob gerechtfertigt oder nicht; ob ich nun weiß, wo es herkommt oder nicht.

Das Gefühl tut richtig gut, und nur das zählt.

Dieses Mal bin ich nun alleine hier. Ein Doppelzimmer nur für mich. Es ist ein merkwürdiges Gefühl. Ich muss mich um alles ganz alleine kümmern. Safe, Liege und Sonnenschirm …

Ich kriege das hin, beruhige ich mich. In Ruhe. Gut, dass ich alles hier irgendwie schon kenne, und es hat sich ja auch kaum etwas verändert. Kleinere Renovierungsarbeiten im Hotel vielleicht, aber sonst?

Die Kinder der Hotelchefin sind groß geworden. Hübsche junge Menschen. Sie selbst sieht so jung und gut aus wie früher. Ich mag ihre freundliche Ausstrahlung. Wie früher ist auch das Essen wieder sehr lecker. So viel verschiedenes Gemüse und Obst! Herrlich.

Dieses bunte Vorspeisenbuffet alleine macht mich schon froh. Gut versorgt fühle ich mich. Verhungern werde ich jedenfalls schon mal nicht. Ein wunderbares Gefühl von Sicherheit. Ich bin glücklich und unerklärlich entspannt. Und doch irgendwie auch traurig und nachdenklich, bemerke ich. Verrückt.

So unterschiedliche Gefühle zur gleichen Zeit. Es ist wie bei einem Cocktail, der aus diversen Zutaten besteht.

Konzentriere ich mich auf die einzelnen Inhaltsstoffe, kann ich sie identifizieren und herausschmecken, und doch gibt es daneben einen Gesamtgeschmack durch das Zusammenspiel aller Anteile. Bittersüß oder süßsauer mit einer Spur von …

Ich denke an die Zeit, als ich früher hier war. Denke an die Zeit im Allgemeinen, wie sie vergeht, besteht und unaufhörlich weitergeht.

Was gerade noch Zukunft ist und Sehnen, das ist gleich schon vergangen und Erinnerung. Zeit – erbarmungslos und doch auch erbarmungsvoll. Streng und gnädig. Je nachdem.

Und irgendwie auch gleichzeitig.

EVENTI SPORTIVI ON THE BEACH
POLIZIA

Was mache ich hier? Warum habe ich mich so auf diese Woche gefreut? Was will meine Seele? Mein Körper jedenfalls will anscheinend erst einmal schlafen. Und das kann er hier und macht er auch! Ganz anders als zu Hause. Nachts und mittags schläft er, und dann auf der Liege auch noch ein wenig, oder er döst. Oder bin ich es, die döst? Wirklich sehr erstaunlich.

Eigentlich wollte ich ja wieder meine frühen morgendlichen Strandspaziergänge machen.

Aber bis gestern habe ich gefühlt nur geschlafen. Natürlich nicht ganz durchgängig. Spazieren gegangen bin ich ja auch.

Ein wenig am Nachmittag am Strand und auch durch die beschatteten schmalen Straßen mit den vielen kleinen Geschäften, die Andenken, Spielzeug, Schmuck, und auch schicke italienische Mode anbieten.

Ich habe das Ambiente wirken lassen und an früher gedacht. Hier waren wir ja einige Male auch mit Freunden von uns, und meine Mutter hatte uns hier auch mal besucht.

Abends haben wir an der Bar gewürfelt und viel gelacht. Es war immer schön hier.

Und dieses Mal? Es tut auf unerklärliche Weise gut, hier zu sein. In den letzten Tagen war ich nach meinen winzigen Ausflügen immer pünktlich zurück beim Essen. Zu diesem wundervollen, vitaminreichen, köstlichen Essen hier. Dann habe ich aber wieder geschlafen. So eine Siesta hat doch was. Und morgens länger schlafen auch. Früh aufstehen? Niente!

Ich denke viel an früher. Klar, alles um mich herum erinnert mich natürlich. Wie wir so schön getanzt haben, abends in dem Lokal am Strand. Ich denke an das Häschenbild. Ein Foto, auf dem mein lieber Mann ein wenig wie ein lächelndes Häschen ausschaute.

Das Bild durfte ich behalten, damit es mich bei Bedarf zum Lachen bringt. Es funktioniert schon, wenn ich nur daran denke. Er hatte so einen herrlichen Humor und konnte auch über sich selbst lachen.

Diese schöne Leichtigkeit hat uns beide sehr verbunden. Wie dankbar bin ich ihm doch für so vieles.

In einem der früheren Sommer zeigte das Thermometer in Strandnähe morgens um halb sieben schon 26 Grad. Ich liebe es, wenn es so warm ist. Für nachts hatte ich mir damals trotzdem eine Wolldecke zu dem Leintuch geben lassen. Ich muss innerlich lachen, wenn ich an die großen Augen der Zimmermädchen denke, als ich sie darum gebeten hatte!

Wir hatten ja damals keine Klimaanlage in unserem Standardzimmer. Doch, so verfroren wie ich bin, brauche ich nachts einfach eine warme Decke. Und das ist bis heute so geblieben.

Ich sinniere weiter. Wie herrlich war es damals auf dem kleinen Minigolfplatz. Da will ich noch mal hin. Ob es dort heute auch noch so schön ist?

Damals hatten wir die perfekte Temperatur. Warm, aber nicht zu warm, ein leises Lüftchen, das die Haut sanft streichelte. Halbschatten unter hohen Bäumen, deren Blätter im lauen Wind leise rauschten. Wir waren nur zu fünft auf dem Platz, den der Besitzer extra für uns früher geöffnet hatte.

Und außer uns hoppelten nur ein paar Kaninchen über die Anlage. Friedlich. Im Himmel kann es kaum schöner sein. Erinnerungen, die wohltuend und wärmend sind, dann, wenn ich mit den Gedanken in der Vergangenheit bin, und doch auch voll Wehmut im Augenblick, weil ich diese Zeit dann vermisse.

So wie die Vertrautheit mit allem hier bei mir Erinnerungen und Wehmut und Einsamkeitsgefühle auslöst, so trägt und umhüllt sie mich doch gleichzeitig. Fast so, als ob das eine das andere erst möglich macht.

Genau wie mir die Familien und Pärchen und die Fülle um mich herum meine Einsamkeit schmerzhaft bewusst machen, so lassen sie mich diesen Schmerz überhaupt ertragen.

Denn wirklich ganz alleine zu sein bei diesen wehmütigen Gedanken und Gefühlen, würde mich wohl glatt abstürzen lassen. So aber kann ich die aufkommenden Gefühle vom Alleinsein und Vermissen zulassen, bleibe in der Wärme und durch die Menschen um mich herum wundersam geborgen.

Dies lässt mich auch das Schöne von damals noch einmal empfinden.

So, Schluss jetzt. Ich rufe mich zurück in die Gegenwart. Ein winziger, aber schöner Abendspaziergang am Strand rundet meinen innerlich bewegten Tag ab. Und danach, so beschließe ich: zuerst einmal weiter ausgiebig ausruhen.

Ich beginne, mein Bedürfnis nach Ruhe zu akzeptieren. Sehr langsam. Es dauert, aber immerhin geschieht es. Also, wenn ich denn schon mal schlafen kann, dann jö! Das ist rheinisch und heißt: dann mal los!

Bei mir angekommen

Heute fühlt es sich schon etwas anders an. Schon! Anscheinend ist mein tiefes Schlafbedürfnis schon etwas gestillt, und ich bin früher aufgestanden und habe mich zu meinem ersten Morgenspaziergang aufgemacht. Bin ich jetzt wirklich endlich angekommen? Bei mir?

Ein sommerlich schöner Tag ist heute! Es ist wieder angenehm warm. Welch ein Glück. Ich bin doch ein wenig spät dran, denke ich. Na ja, zumindest war es später am Morgen, als ich mich früher auf den Weg gemacht hatte, denn es ist bereits halb acht.

Schon so viele Menschen sind am Strand! War es früher nicht einsamer hier? Hm, vielleicht liegt es wirklich daran, dass ich vor Jahren einfach früher dran war. Morgen werde ich eher starten, nehme ich mir vor. Dann werden bestimmt weniger Menschen hier sein, hoffe ich. Und auch, um besser vergleichen zu können.

Wie früher sind viele Italiener hier. Klar, ich bin ja in Italien! Einige Italiener sammeln Muscheln. Sie sammeln die Muscheln in Wasserflaschen, damit sie frisch bleiben.

Und dann wird es sie kombiniert mit Spaghetti zum Mittagessen geben. Ein einheimischer Mann und seine Frau machen es mir so deutlich. Mit meinen wenigen Worten Italienisch und mit Händen und Füßen verständigen wir uns. Ein schönes Gefühl, dass Verständigung möglich ist, wenn man nur will.

Gut, dass ich mein Smartphone für Fotos dabei habe. Es ist ein herrlicher Morgen. Das leicht kühle, weiche Meerwasser an den Füßen, eine sanfte Brise mit lauem Wind, die Sonne wärmt mich zart. Welch ein Geschenk! Ich fühle wieder, dass ich lebe. Sogar gerne lebe. Wie lange habe ich das Leben nicht mehr als so angenehm und mich beschenkend empfunden!

Mein Geist ist auffallend unstet. Konzentration, Sammlung – wie schreibt man das? Nun ja, ich habe ja Urlaub, denke ich. Dann sollen sie halt mal fliegen, die Gedanken. Mal hierhin, mal dorthin, mal zu meinem Zuhause, mal zu den Freunden, zur Familie, mal in die Vergangenheit, mal in die Zukunft und auch ab und an wieder zum Augenblick.

Der Spaziergang tut mir richtig gut. Nach und nach schalte ich meine Gedanken ab und entspanne mich. Immer weniger nehme ich die Menschen um mich herum wahr. Schaue mehr auf die Natur. Betrachte den Sand und den Meeresboden mit seinen vielen unterschiedlichen wellengeprägten Mustern, den blauen Himmel, das glitzernde Wasser, die farbigen Algen …

Was ich sehe, erfreut mein Herz. Es tut einfach nur wohl. Es erfüllt und erhellt mein Gemüt. Kleine Krabben, die durch das Wasser ziehen. Und wieder Muscheln, teils nur noch ihre Schalen, teils noch lebendig. Sie graben sich in den feuchten Sandboden ein.

Schön, dabei zuzuschauen. Wie wundervoll, die Muße zu haben, einfach nur zu beobachten. Sinnfrei. Zweckfrei. Nichts drängt, nichts wartet. Ich habe Zeit.

Bei manchen Muscheln sind die beiden Hälften noch zusammen. Eine Muschel fällt mir besonders auf. Sie liegt halb geöffnet am Strand. Ist gemustert. Das sieht aus wie Zebra- oder Tigerstreifen, denke ich. Und die Sonne scheint auf sie, sodass es aussieht, als leuchte sie selbst.

Unzählige winzigkleine Muscheln liegen an einer seichten Stelle, als hätten sie sich dort zu einer Versammlung getroffen, um zu beraten, wie man heute gemeinsam den Tag verbringen soll.

Angespültes Seegras oder Algen in grün und rot und braun, ein besonderes Muschelstückchen, das wie ein Fisch aussieht und das so dekorativ auf dem Strand liegt, als hätte es jemand absichtlich so ausgelegt.

Kleine Fische, die in Schwärmen durch das seichte Wasser ziehen. Sind das Sardinen? Oder Minisardinen? Oder Sardinenbabys? Jedenfalls schillern ihre Körper in der Sonne, wenn sie sich geschmeidig und flink als kleine Schwarmeinheit durch das flache Wasser bewegen. Es macht Spaß, zu probieren, ob ich das Glitzern ihrer Körper mit meiner Kamera einfangen kann.

Da sehe ich ein Muschelstückchen, das aussieht wie eine Feder. Die Engel sind mit mir, denke ich. Wie immer! Ich fühle mich beschützt und behütet. Geradezu getragen. Dankbarkeit durchflutet mich und ein unbeschreiblich schönes Glücksgefühl. Wie wunderbar. Ich lebe.

Mein Körper ist für mich da. Ich habe keine Schmerzen und kann alles genießen. Ich kann gehen, atmen, mich bewegen, kann dies alles fühlen und sehen, den salzigen Geruch wahrnehmen, das Meer spüren.

Mir ist wohlig warm. Und ich kann mich freuen. Es geht mir gerade richtig gut. Welch ein Segen!

Ich fühle mich in der Fülle und wundervoll gewärmt vom Leben, von der Sonne, dem Strand, dem Meer und den Menschen in Urlaubsstimmung um mich herum. Kostbare Augenblicke sind dies, eine kostbare Zeit.

Ich will sie fühlen, spüren und genießen, so intensiv wie möglich und mit allen Sinnen. Wahrnehmen, was ist, und in mich aufsaugen. Konservieren, zu einem Teil von mir werden lassen. Es nie mehr hergeben.

Ich atme, ich bin. Ganz einfach. Ich bin. Will gar nichts anderes, als nur hier sein, wo ich gerade bin. Wunschlos. Einfach nur sein.

Und da kommt sie auch ganz von selbst – die Inspiration. Ich könnte doch einfach alles mal aufschreiben, was ich so erlebe und empfinde. Ein kleines Urlaubsbuch nur für mich. Und die schönen Fotos, die ich gemacht habe, packe ich dann mit dazu. So kann ich mich später erinnern an diese schöne Zeit. Und beim Lesen und Bilderschauen alles wieder mal erleben.

Genau. Das mache ich!

Da bin ich auch schon wieder in der Nähe des Hotels angelangt. Jetzt gibt es erst mal das obligatorische Obstfrühstück, und dann gehe ich Richtung Pool zu meiner Liege und dem Sonnenschirm und nehme mir auch etwas zum Schreiben mit. Das Lächeln beginnt sich auf meinem Gesicht wohl zu fühlen.

Ja, so ist es dazu gekommen. Morgen schreibe ich weiter. Es tut gut, alles aufzuschreiben, denn es macht mir bewusst, was geschieht, in mir und mit mir.

Selbstbetrachtung

Hier liege ich also am Pool und stelle fest: Es war richtig, dass ich hierher gefahren bin.

Es ist noch ruhig hier, denn es ist ja auch noch recht früh. Wir haben gerade mal 10 Uhr.

Nach meinem leichten Obstfrühstück – die süßen Kuchenstücke sind einfach nichts für mich – bin ich jetzt hier. Die Liege ist in den Schatten gerückt. Und ich habe meinen schönsten Bikini an. Breite mein Handtuch aus und platziere mich.

Mein Hirn sinniert: Gestern war partielle Mondfinsternis, und ich habe sie nicht gesehen. Geschlafen habe ich! Hatte keinen Mumm, hinauszugehen. Ts ts ts … – mein innerer Kritiker scheint keinen Urlaub zu haben. Er ist aktiv, wie sonst auch.

Alleine macht ja alles nicht so viel Spaß, jammert mein Denker herum. Keiner da, der sagt, dass mir der Bikini gut steht.

Keiner da zum Erzählen und Freude teilen. Keiner, der mir den Rücken eincremt, keiner, der auf die Sachen achtet, wenn ich mal an den Strand will oder ins Meer. Das Meer ist hier herrlich flach; für mich ist es einfach perfekt. Ich könnte also, wenn ich bloß könnte ...

Jetzt ist da auf einmal Unzufriedenheit, obwohl ich doch gestern noch so viel Wohliges gefühlt habe! Hm ...

Das alles ist aber doch auch wirklich doof. Und dann ist da noch die Sache mit dem Safeschlüssel. Wohin damit?

Seit gestern verstecke ich ihn in meinem Zimmer und fühle mich heute schon etwas freier. Aber so richtig noch nicht. Immer dieses „aber", bemerke ich … ts ts ts …

Ja, es stimmt, gestehe ich mir ein, es war bislang irgendwie eine Reise in die Vergangenheit. Ich vergleiche alles mit früher. Und das auch, obwohl ich mich zwischendurch immer wieder zur Ordnung gerufen habe, die Gegenwart zu betrachten. Es ist schon verrückt, wie ich mich immer reglementiere! Immerhin bemerke ich es.

Ob es auch ohne dieses ewige Nörgeln geht? Na, es ist ja schon eine lang bestehende Angewohnheit, wenn ich ehrlich bin. Kann man so etwas überhaupt loswerden? Oder vielleicht ist es gar nicht gut, es loszuwerden? Wer weiß, vielleicht versumpfe ich ja sonst! Wie kann ich den richtigen Weg finden? Zwischen im Fluss sein und beobachten und korrigieren? Oder gar nicht „entweder – oder"? Warum nicht einfach „und"? Oder ist es gar die Bewertung und Gewichtung, um die es geht? Um die Balance?

Und, warum nicht auch einmal in die Vergangenheit reisen? Alles, was war, noch einmal betrachten, fühlen und wertschätzen. Es sind ja schöne Erinnerungen. Was weh tut, ist doch nur das Wiederhabenwollen. Das Nicht-Akzeptieren des Vergänglichen.

Das gilt es vielleicht zu verabschieden.

Also dann – warum nicht die Vergangenheit liebevoll erinnern und noch einmal fühlen? Hauptsache, nicht darin verharren und nachtrauern und zurückhaben wollen, denke ich.

Zurückhaben wollen – wäre das nicht dann Wehmut? Und wäre es nicht auch in Ordnung, Wehmut zu fühlen?

Ich will auch die Wehmut annehmen. Und dann darf sie passieren. Die Annahme mag jetzt der Passierschein sein.

Die Erinnerungen sind allgegenwärtig. Die Gegenwart natürlich auch.

Ein Gefühl der Einsamkeit kommt auf, trotz oder vielleicht wegen dieser Fülle um mich herum.

So viele Menschen auf engstem Raum – im Hotel, am Pool und am Strand. Familien mit Kindern, Paare.

Ich bin wohl der einzige Single hier. Sitze beim Essen alleine an einem Tisch, denn jedes Zimmer bekommt einen Tisch für sich. Es ist ein kleiner Tisch. Vielleicht maximal 90 x 90 cm.

Das macht es irgendwie noch einsamer, oder nicht?

Alle um mich herum sind mindestens zu zweit. Manchmal aber sitzt mir gefühlt mein lieber Mann gegenüber. Mir kommen dann die Tränen vor Rührung und Dankbarkeit und auch vor Glück und Trauer.

Ich habe das Gefühl, er findet es gut, dass ich hier bin.

Wie gerne war er selbst immer hier! Und mir hat die Zeit auch immer gut getan.

Drei Wochen mussten es sein, denn nur so könne man sich richtig erholen, hatte er immer gesagt.

Er hatte recht damals. Wie mit so Vielem.

Ich vermisse den Mann an meiner Seite, auf den ich mich verlassen kann. Den Partner, bei dem ich mich anlehnen kann und für den ich da bin und sein darf.

In meinem Kopf bin ich immer noch jung, aber stimmt das noch?

Alles ist ja relativ, aber trotzdem: Wie soll ich noch mal jemanden wie dich finden, mein lieber Mann? Oder wie findet er mich?

Und da taucht sie auf, die Frage: Will ich das denn überhaupt wirklich?

Ich glaube, wenn ich ganz ehrlich bin, erst einmal nicht mehr. Ich will zunächst mich selbst finden.

Na immerhin, das ist ja schon mal eine Erkenntnis.

Raum für mich

Gestern nach dem Abendessen war ich noch am Strand. Beim Zurückgehen finde ich an der Ecke zwei 5-Cent-Münzen. Zuerst sehe ich eine mit Patina und auf den zweiten Blick, nur etwa 30 Zentimeter von der ersten entfernt, eine weitere 5-Cent-Münze, neu und glänzend poliert.

Schau genau hin, denke ich, wieder wie eine Botschaft: eine Münze für die Vergangenheit und eine für die Gegenwart. Alles ist da.

Beide gleichwertig mit fünf Cent und nahe beieinander. Die Vergangenheit und die Gegenwart.

Vielleicht auch die Zukunft? Danke für den Hinweis! Ich fühle: Alles ist gut.

Insgesamt bin ich ja nur eine Woche hier. Und mit den schönen Erinnerungen in mir will ich die restliche Zeit jetzt einfach nur genießen.

Da ist es wieder, das Lächeln in meinem Gesicht. Ganz von selbst ist es wiedergekommen. Wie schön. Es fühlt sich so gut an.

Hier bin ich alleine. Worin liegt darin das Geschenk, frage ich mich. Es gibt hier keinen vorgegebenen Ablauf. Außer den Essenszeiten. Ich kann tun und lassen, was ich will.

Ja, schön. Und? Was will ich denn? Ich weiß es so spontan gar nicht. Vielleicht ist das jetzt die Gelegenheit, dies herauszufinden!

Rückblickend erkenne ich: Wenn ich mit jemandem zusammen war, dann bin ich selten bei mir gewesen. Habe meist nur geschaut, was dem anderen Freude machen könnte, und dann geprüft, ob das für mich auch in Ordnung wäre.

Jetzt gibt es da niemanden, nach dem ich schauen kann. Hier gibt es nur mich. Ich will die Chance nutzen, herauszufinden, was ich will und was mir gut tut.

Und ich stelle fest: Ich weiß es gar nicht!

Es fühlt sich plötzlich schwierig an und gar nicht angenehm; irgendwie mehr wie Krise als Chance.

Aber ich habe ja in meinem bisherigen Leben schon oft erfahren, dass die schönsten Geschenke eher nicht so nett verpackt sind.

Meist sind sie noch nicht einmal als solche zu erkennen. Sie tarnen sich als unangenehm und unattraktiv. Wie die Fliegen, die so aussehen als seien sie Wespen, um nicht gefressen zu werden. Man muss genau hinschauen, um zu erkennen.

Was ist nun das Gute an dieser Situation, worin liegt das Geschenk? Also gut, dann heißt es jetzt tief durchatmen und dranbleiben und in mich hinein fühlen, was mir denn wohl Freude machen könnte.

Und gleich sind sie schon wieder da, die Stimmen, die mein Gefühl für mich gar nicht erst aufkommen lassen wollen und sofort mahnen: Das Wetter ist schön, also unternimm mal was! Du kannst doch nicht die ganze Zeit hier so herumhängen. Geh doch mal woanders hin.

Was sollen die Leute denken, wenn du nur auf dem Hotelzimmer bist. Du könntest dir ja mal ein Fahrrad ausleihen …

Hallo? Wer spricht da? Wer bewertet da schon wieder? Welche Stimmen sind das?

Alte Muster, Sätze aus meiner Kindheit, die mir begegnet sind und die ich übernommen habe? Man sollte, müsste, darf nicht …

Da fällt mir ein Sketch von Loriot ein, in dem die Ehefrau ihren Mann ermuntert:

„... es könnte doch nicht schaden, wenn du mal etwas spazieren gingest."

Er: „Nein, schaden könnte es nicht."

Sie: „Was willst du denn?"

Er: „Ich möchte einfach nur hier sitzen."

Hihi … nein, schaden könnte es nicht! Und ich? Was möchte ich?

Ich weiß es jetzt: Ich möchte einfach mal nichts müssen.

Schön! Dann hätte ich das also geklärt.

Ich erlaube mir jetzt, so lange drinnen zu bleiben, wie ich es möchte. Ganz gleich, ob die Sonne scheint oder was wer auch immer denken mag.

Von der Schönheit der kleinen Dinge

Die Strandspaziergänge, darauf hatte ich mich besonders gefreut, und das zu Recht.

Wo soll ich langgehen, oder wo bleibe ich mal stehen? Gehe ich schnell oder schlendere ich? Das ist das Einzige, was ich hierbei entscheiden muss. Hört sich leicht an, und doch ist es anfangs schwierig. Also besser nicht so viel denken. Einfach tun.

Es ist schon Donnerstag – heute gehe ich früher hinaus. Jeder Tag ist anders. Zwar ist es heute auch warm und sonnig. Und doch anders. Es sind weniger Menschen da. Sie spazieren, so wie ich. Oder sie joggen. Oder gehen schnellen Schrittes, machen ihr Bewegungsprogramm.

Ich schlendere. Vielleicht sollte ich mich besser etwas mehr bewegen und schneller gehen und mal etwas für meine Kondition tun.

Da sind sie wieder, die inneren Mahner, Verbesserer, Beurteiler. Mir würde ja glatt etwas fehlen, wenn sie nicht da wären! Die Erkenntnis lässt mich schmunzeln.

Nein, entscheide ich, ich genieße! Ich setze mich durch gegen diese Stimmen, die von „sollte und müsste" reden.

Ich mache mir klar: Es sind nur meine sicherlich wohlmeinenden Ratgeber, und ich kann dem Rat ganz oder teilweise folgen oder auch zu einer ganz anderen, für mich passenderen Entscheidung kommen.

Also: Ich werde nichts von dem machen, was da irgendwer in mir denkt, dass ich es sollte oder müsste, wenn es sich für mich nicht gut anfühlt. Und ich entscheide: Genießen fühlt sich jetzt voll gut an. Basta!

Und so wate ich stattdessen langsam durch das seichte Wasser, über den mal festen und mal nachgiebigen Sandboden. Genieße die abwechslungsreiche Massage meiner Fußsohlen durch die Strukturen des wellig geformten Bodens, den pieksigen Muschelsplittersand am Meeressaum, den weichen, nachgiebigen Schlick.

Das Wasser ist richtig warm, wenn ich durch ganz seichte Regionen wate, und dann wieder kühler, wenn es etwas tiefer wird.

Wie „Minikneippen", denke ich. Der von den Wellen geformte Boden erinnert mich an den, den ich an der Nordsee schon gefühlt habe. Doch dieser hier wird nicht von manchmal echt kaltem, sondern von mild warmem Meerwasser umspült. Wie gut, dass ich hier in Italien bin und nicht an der Nordsee!

Diese Stimmung am Morgen. So schön friedlich und so sanft ist sie noch. Die Sonne nicht so heiß und aufdringlich. Eher mild und schmeichelnd. Wie ein Angebot. Und doch ahnt man schon ihre Kraft. Im Augenblick aber ist alles einfach nur leicht und angenehm. Die Luft hat noch so viel Sauerstoff, und es ist ruhiger. Alles ein wenig langsamer als mittags und irgendwie leerer. Es räumt mir einen großen Entfaltungsraum und viel Freiheit ein.

Der Tag liegt noch vor mir. Ich fühle die Möglichkeiten, die er bereit hält. Dies lässt mich tiefer atmen.

Jetzt will ich nur hier sein. Will den Raum gar nicht füllen, sondern nur fühlen. Ich möchte hier im Augenblick sein, genau hier, wo mein Körper sich befindet. Und ich will mit seinen wundervollen Sinnen alles um mich herum einfach nur aufnehmen.

Abspeichern. Genießen.

Ich richte meine Aufmerksamkeit auf die Füße. Dann wieder auf die samtige Luft, die meine Haut streichelt. Meinen Atem. Ich atme tief ein und aus. Halte mal die Luft an, lasse sie wieder frei und versuche, ihren Geruch wahrzunehmen. Einfach nur wohltuend!

Meine Aufmerksamkeit wird angelockt vom Glitzern des Wassers, den Spiegelungen und Reflexionen, die die Sonnenstrahlen auf den Boden im seichten Wasser zaubern.

Tolle Muster! Linien, Streifen und Karos. Rauten und Punkte. Unter den Bläschen, die auf der Oberfläche schwimmen und die durch die leichte Brandung entstehen, sind kleine Sternchen auf dem Wattboden zu sehen. Einfach toll. Licht und Schattenspiele!

Wenn ich damals besser in Physik aufgepasst hätte, könnte ich den Brechungseffekt sicher erklären. Doch warum? So freue ich mich einfach wie ein Kind darüber.

Genieße. Lasse mich treiben. Schaue, fühle, nehme wahr und lasse wirken. Kleine Algen in unterschiedlichen Farben werden am Meeressaum angespült.

Noch feucht, glänzen sie schön in der Sonne. Ganz dekorativ liegen sie da. Manchmal kommen kleine Wellen, na ja, es sind wohl eher winzige Wellen. Diese umspülen und drapieren alles in neuer Konstellation. „Algenkompositionen" will ich sie nennen.

Wie wunderschön! Zufällig angeordnet und doch, als hätte sie jemand absichtlich so hübsch dekoriert.

Ein Foto ist es wert. Und noch eines … mal so und mal so – mit neuer Perspektive. Mal mit Welle und mal ohne. Mal mit Muschel oder mal mit Schneckenhäuschen … Es ist einfach nur erbaulich.

Und wieder diese Muscheln! Wie viele unterschiedliche es doch gibt. Noch gibt es sie, denke ich. Vielleicht gibt es jetzt auch schon weniger als früher? Jedenfalls sind die, die hier sind, richtig schön.

Ich will jetzt nicht an die Umweltbelastungen denken und das Artensterben. Ich will mich erfreuen an dem, was ich sehe. Große und kleine Muscheln, glatt oder geriffelt, rosa und weiß oder braun, schwarz oder weiß, uni oder gemustert, gestreift.

Und da sind auch noch Muscheln, die so aussehen wie Jacobsmuscheln, sehr hübsche in schwarz und weiß und sogar rosa. Ein paar davon muss ich einfach mit nach Hause nehmen. Nur ein paar.

Meine Sammelleidenschaft geht ab und an mit mir durch … jedoch nicht mehr so sehr wie früher.

Manchmal liegen sie in Kompositionen neben kleinen Muschelstückchen und Algen und alle zusammen sehen wirklich faszinierend schön aus.

Und wieder mache ich ein Foto. Welch interessante und auch geduldige Modelle es hier doch gibt. Nun ja, die Muscheln mehr, die Krabben und Fische eher weniger. Aber alle sind bezaubernd.

Wie gut, dass ich die Reise an die Adria gewagt habe und jetzt hier bin! Habe ich das nicht schon mal geschrieben?

Ich bemerke: Das Lächeln hat sich schon richtig eingenistet bei mir. Und es überzieht immer häufiger mein Gesicht.

Einfach so. Unvermittelt.

Vom Sein im Augenblick und den Sinnen

Es ist noch Vormittag. Auf meinem Liegestuhl liege ich und lese. Ich liege und mache auch mal einfach nichts. Ich könnte ja etwas anhören von meinem neuen Mp3-Player, den ich mit Vorträgen und Musik bestückt habe. Könnte ich. Aber ich will einfach nur liegen.

Welch eine Überraschung! Das ist ja mal etwas wirklich Neues! Jetzt beginne ich schon, mit mir selbst zu scherzen. Wo kann das hinführen?

Dolce vita – dolce far niente.

Ich schaue auf den schlanken, braungesonnten Rücken der jungen Bademeisterin. Sie macht scheinbar auch nichts. Doch – sie beobachtet den Pool. Selten, dass sie irgendwo eingreifen muss.

Rückblickend habe ich es nur einmal gesehen. Das war, als sich das Trennseil zwischen Schwimmer- und Nichtschwimmerbereich durch das plantschende Toben der Kinder gelöst hatte. Meist sitzt sie einfach nur da, hört vielleicht etwas Musik. Klopft ab und an rhythmisch mit den Fingern auf die Wasserflasche. Einmal, als nichts los war, ist sie eine Runde geschwommen.

Sie muss tiefenentspannt sein. Ob sie auch etwas denkt? Klar doch, sie ist ja eine Frau!

Ich schaue mich um und beobachte auch. Das geht gut mit Sonnenbrille. Ich sehe die Kinder, die Eltern, die mit den Kindern spielen oder an den Strand gehen. Der Vater, der fürsorglich seinen kleinen Jungen abduscht und in ein großes Badetuch hüllt. Das muss sich gut anfühlen.

Ich erinnere mich, dass meine Mutter das mit mir auch einmal gemacht hat, als wir an einem See in der Eifel zum Baden waren. Italiener sind so kinderfreundlich. Super sympathisch. Leider habe ich ja keine Kinder. Tja, mit Kindern wäre mein Leben ganz anders verlaufen. Wer weiß, wer ich dann heute wäre. Und wie? Es ist doch schade, denke ich. Dieses Bedauern, da ist es wieder. Nach so langer Zeit ist es immer noch da. Jetzt lege ich es wirklich ab, nehme ich mir vor.

Das Buch, in dem ich ab und an lese, finde ich interessant. „Die Kunst des Nichtdenkens“, lautet der Titel. Es inspiriert mich, mich noch mehr zu beobachten. Und ich entdecke sie, die vom Autor beschriebenen Grundleiden der Menschen. Seiner Ansicht nach sind es Wut, Gier und Verblendung. So, wie er sie beschreibt, entdecke ich sie tatsächlich teilweise auch bei mir. Er motiviert mich, und ich möchte auch zum Nichtdenken kommen.

Um dahin zu kommen, so sagt der Autor, sollte man sich mehr auf seine Sinne besinnen. Ich denke, er meint das Wahrnehmen mit Augen, Nase, Ohren, Haut, Zunge, Gefühl. Nun, da bin ich wohl auf einem guten Weg.

Also beobachte ich erst einmal weiter meine Umgebung. Schaue, wer einen schönen Badeanzug oder Bikini trägt. Überlege, ob die Kinder den Eltern ähnlich sehen und wie wohl das Familienleben jetzt am Strand aussieht. Ich betrachte die Umgebung um meinen Liegestuhl herum und sehe eine kleine Eidechse. Beobachte, was sie so treibt. Sie sonnt sich auch, wie wir alle hier, nur ohne Sonnenmilch … und schwupps ist sie auch wieder unter das Badehäuschen geflitzt und verschwunden. Hatte wohl genug Sonne getankt.

Nun betrachte ich meinen Bauch und meine Füße und Zehen. Dazu könnte man ja ganz schön viel denken. Jetzt beobachte ich schon meine Gedanken … Ich lächele in mich hinein. Selbstbetrachtung hat doch was!

Ruhe herrscht hier, empfinde ich. Merkwürdig, denn wirklich ruhig ist es doch gar nicht. Das Gemurmel der Menschen um mich herum beruhigt mich trotzdem. Das meiste ist italienisch. Es hört sich melodisch an. Und temperamentvoll. Warm und rund. Ich verstehe es nicht – nur ein paar Brocken. Das ist wunderbar. So kann ich es einfach rieseln lassen.

Ebenso wie die Musik und die Geräusche der Stadt und der Straße, die ganz in der Nähe vorbeiführt. Leise ist es hier wirklich nicht. Das Lachen und Rufen der Kinder. Lautsprecheransagen, die für Schiffsfahrten entlang der Küste auch auf Englisch und Deutsch werben. Immer mal wieder ist auch lautes Hupen von Motorrädern oder Mofas und Autos zu hören. Aber Urlaub und Freudehaben schwingt in allem mit. Und Entspannung.

Die Geräusche stören mich nicht. Sie hüllen mich stattdessen irgendwie ein, und sie haben etwas Friedliches. Sicher ist es das Fehlen von Anforderungen an mich. Und hinzu kommt, dass ich zwar alleine bin und doch nicht alleine. Das tut richtig gut.

Wie war das doch gleich? – Die Schönheit liegt im Auge des Betrachtenden. Und die Ruhe anscheinend im Ohr des Hörenden. Also bei mir. So lasse ich mich jetzt einfach einhüllen und genieße das Liegen und das „Nichtmüssen“, und ich versuche, nicht zu denken.

Jetzt lese ich doch noch etwas weiter in meinem Buch. Mal sehen, welche Tipps es noch enthält. Es scheint das perfekte Buch für diese Woche zu sein. Eine Selbstfindungswoche, so nenne ich sie jetzt einfach.

Gleich gehe ich allerdings zum Mittagessen. Um 12:30 Uhr geht es los. Zu den köstlichen Gemüsevariationen muss ich einfach hin! Und danach mache ich Siesta! Auch ein Muss! Die einzigen von der Sorte „Muss“, die ich mir erlaube. Ich werde immer besser.

Vom Mut

So entspannt auf meinem Bett liegend, schaue ich auf meinem Smartphone die Fotos von meinen letzten Strandspaziergängen an. Sortiere und mache Ausschnitte und Collagen und erinnere mich.

Fotografieren und das Anschauen der Fotos danach lässt mich das Denken vergessen. Ich kann mich sehr freuen an den schönen Motiven. Und diese Freude lässt keinen Raum für anderes.

Da ist sie, die freche schwarze Krabbe. Von ihr habe ich sogar einen kleinen Film aufgenommen. Sie ist schon etwas älter. Hat viele Pocken auf ihrem Panzer und ist schon so groß wie der Handteller einer großen Männerhand. Und beeindruckende Scheren hat sie. Und vor allem: Sie ist total mutig!

Ich necke sie mit dem Finger, und mutig streckt sie mir ihre Scheren entgegen.

Und dann kommt sie plötzlich auch noch auf mich zu gelaufen! Und ich? Ich erschrecke und ziehe mich schnell einige Schritte im seichten Wasser zurück. Habe Angst, dass sie mich kneift.

Ich laufe vor einer im Vergleich zu mir doch sehr kleinen Krabbe weg! Also ehrlich! Ich bin doch ein Riese im Vergleich zu ihr! So viel Mut! Wow!

Mut. Ja, von dem könnte ich noch etwas mehr kultivieren, denke ich so.

Die kleinen Wellen habe ich aus der Nähe aufgenommen, damit sie groß aussehen auf dem Foto. Und dabei habe ich mich über mich selbst amüsiert, denn vor den großen Wellen habe ich ja dollen Respekt.

Wie züchtet man Mut?

Noch einige Krabben sind mir vor die Linse gekommen. Helle und dunklere, aber keine so mutige! Und auch tote Krabben. Eine liegt am Rand im Wasser, und nur die Beine und Scheren lugen unter den vielen kleinen Schnecken, die den Körper bedecken, hervor. Sie dient ihnen als Nahrung.

So geht alles seinen Weg. Ich philosophiere ein wenig vor mich hin. Alles ist für etwas gut. Der Tod dient dem Leben. Das Ende dem Anfang, der ohne das Ende nicht möglich wäre. Ein Kreislauf.

Da fällt mir unser Trauspruch ein: „Nicht Anfang hat noch Ende der Ring, er ist wie Ewigkeit und trägt in seinem gold'nen Kleid den Anfang und das Ende." Ein wirklich guter Spruch.

Der Ring – Symbol für die Liebe, die ewig verbindet. Den Anfang und das Ende. Alles was ist.

Von der Fokussierung

Ein neuer Morgen. Das Strandfieber hat mich jetzt gepackt. Es ist recht früh. Ich gehe erwartungsvoll los, lasse meine Flipflops an meiner Liege am Pool stehen und dann nichts wie ab zum Strand. Welch ein schöner Tag! Was wird mir heute wohl vor die Linse kommen?

Über den hölzernen Steg gehe ich zum Meer. Meine Augen halten schon Ausschau. Sie haben anscheinend den Auftrag, eine Krabbe zu entdecken, bemerke ich nach einer Weile. Vielleicht eine noch schönere als gestern.

Huch! Was entdecke ich da bei mir? Es ist eine der Untugenden, die Gier! Davon habe ich in meinem Urlaubsbuch gelesen. Und jetzt nehme ich sie bei mir wahr! Puh – immerhin bin ich so mutig, mir das selbst einzugestehen. Hier zeigt sie sich gerade in der Gier nach einem noch schöneren Foto. Diese Gier ließ mich eine ganze Strecke meines kleinen Strandspaziergangs nur Ausschau halten nach einer weiteren und vielleicht sogar noch beeindruckenderen Krabbe, die ich fotografieren könnte, um so vielleicht ein noch sensationelleres Foto zu bekommen. Fast wie eine Paparazza!

Dabei habe ich doch schon einige gelungene Fotos von dieser eindrucksvollen, mutigen Krabbe. Offensichtlich ist da ein Teil in mir, der immer noch mehr will. Und ich habe immer geglaubt, dass die Gier nicht in mir ist! Wo ich doch ein so bescheidener Mensch bin! Das dachte ich bislang zumindest.

Ha – erwischt! Zu meiner Verteidigung könnte ich vielleicht sagen, dass es eine nicht so ganz schlimme Form der Gier ist. Vielleicht nur Sammelleidenschaft. Doch ist es nicht die Leidenschaft, die Leiden schafft? Jedenfalls hat sie meine Sicht behindert.

Schau an! Sie ließ mich fokussiert, zielgerichtet sein. Wie ein Hund, der nur noch das geworfene Stöckchen im Blick hat.

Natürlich hilft ja dieses Fokussiertsein, selektiv insbesondere das wahrzunehmen, woran ich interessiert und worauf ich innerlich ausgerichtet bin. So wie schwangere Frauen auf einmal überall andere schwangere Frauen oder Kinderwagen sehen. Oder wie, wenn man gerade ein neues Auto hat, man dieses Modell plötzlich überall um sich herum sieht. Als ob wir im Außen immer gerade das bestätigt bekommen, was uns im Inneren bewegt, ganz gleich, was es ist.

Getrieben von dem Wunsch, noch mehr Krabbenfotos zu machen, hatte ich meinen Blick nicht mehr absichtslos und einfach entspannt in einer offenen inneren Haltung schweifen lassen. Ich war einfach nicht mehr aufnahmefähig für die anderen wunderschönen Kleinigkeiten, für alles andere Schöne, was außerdem noch da war.

Dieses Fokussiertsein ließ mich alles versäumen, was nicht „Krabbe" war. Alles andere wurde von meinem suchenden Blick als nicht wichtig eingestuft und einfach ausgeblendet.

Die Gier engte meine Wahrnehmung ein, und hinderte mich daran, glücklich und im Augenblick zu sein. Mit dieser Gier, und sei sie auch noch so getarnt und klein, versäume ich also den Rest meines Lebens!

Und hinzu kommt, dass sie mich in der Fülle der Schönheit um mich herum nicht Freude, sondern Enttäuschung fühlen lässt, weil das Ziel nicht erreicht, weil

keine Krabbe in Sicht ist! Und heute sind eben einfach keine da!

Welch eine Lehrstunde habe ich da erhalten!

Also gilt es wohl, Gier zu erkennen und loszulassen. Ich denke über den Zusammenhang nach zwischen Gier und Fokussierung.

Die Zielgerichtetheit, und damit verbunden auch die Konzentration brauche ich ja schon. Wie soll ich sonst etwas erreichen?

Konzentration brauche ich, wenn es gilt, etwas umzusetzen, etwas festzuhalten. Die Wahrnehmung von allem, was ist, ohne zielgerichtet zu sein, brauche ich auch. Wie soll ich sonst die Voraussetzung schaffen, zu erkennen?

Wahrnehmen geht nur im Augenblick, geht nur dann, wenn ich im Augenblick bin. Wahrnehmen bedeutet, die Aufmerksamkeit offen zu halten nach allen Richtungen. Es bedeutet, bereit zu sein und präsent. Und sie funktioniert am besten, wenn ich nicht denke, zum Beispiel an gestern oder morgen, und dann, wenn ich nicht in der Bewertung dessen bin, was ich sehe und fühle.

Ich brauche und will beides: Konzentration und Wahrnehmung. Vielleicht einfach im Wechsel je nach Bedarf? Der Wechsel zwischen Konzentration und Wahrnehmung, so wie zwischen Anspannung und Entspannung. Wie die Zelltätigkeit. Natrium und Kalium. Tag und Nacht. Irgendwie wie das Leben selbst.

Vielleicht ist es hier wie bei der Neugier. In ausbalancierter Form nennt man sie „gesunde Neugier“.

Es geht also einfach um die Balance in jeder Hinsicht. Einfach? Oder eher doch eine Herausforderung, an der ich weiter wachsen darf?

Ich nehme mir vor, es nun beim Fotografieren zu üben: zuerst wahrnehmen mit allen Sinnen, dann sehen und geistig erkennen, dann konzentriert, zielgerichtet und fokussiert sein, den Bildausschnitt bestimmen, den Auslöser drücken und dann wieder loslassen. Beides, den Auslöser und den Bildausschnitt.

Nur zielgerichtet zu sein lässt meinem Wahrnehmen und Erkennen keinen Raum. Sehen und Hören haben etwas Aktives an sich.

Wahrnehmen dagegen hat für mich eher etwas von Geschehenlassen. Es ist entspannt und kostet keine Kraft. Also versuche ich meine Zielgerichtetheit auf die Krabben jetzt einfach einmal loszulassen.

Das Atmen hilft mir dabei. Ich atme tief ein und aus. Merke, dass ich langsam zu mir komme. Atme weiter.

Schaue, fühle, nehme wahr, was um mich herum ist.

Mein Blick öffnet sich. Und was erkenne ich? Heute ist anscheinend der Tag der Einsiedlerkrebse! So viele gab es noch an keinem Morgen! Erstaunlich! Kleinere und größere, miteinander um das größere Turmschneckenhaus kämpfende, sich eingrabende, wegschwimmende und auch meditierende Einsiedlerkrebse. Einige tragen Algen auf dem Gehäuse und andere nicht. Eine unglaubliche Vielfalt!

Hatte ich überhaupt schon mal Einsiedlerkrebse gesehen an den Tagen davor? Nein. Ich erinnere mich nicht. Wo sind sie gewesen? Oder vielleicht auch: Wo bin ich gewesen?

Von der Langsamkeit zur Achtsamkeit

Die Zeit vergeht, und ganz langsam werde ich immer langsamer. Dabei aber auch irgendwie achtsamer, und ich nehme mehr wahr, was um mich herum ist. Bin weniger zielstrebig. Lasse mich führen und lebe einfach. Mehr und mehr im Augenblick.

Klar, ich habe Urlaub. Da fällt es leichter. Und Italien mit seinem besonderen lebendigen Flair trägt sicher mit dazu bei. Hier ist für mich die Lebenslust zu Hause!

Ich habe kein Ziel. Muss nichts besichtigen oder erledigen. Keinerlei Muss. Herrlich. Das hat mir gefehlt. Ich liebe es. Und die Langsamkeit stellt sich ein und verschafft mir mehr Wahrnehmung als je gedacht. Innen und außen. Alles um mich herum und in mir scheint intensiver, leuchtender zu werden. Ich bemerke mehr Details. Meine Sinne fühlen, sehen, riechen, schmecken, hören, empfinden.

Und ich nehme es wahr. Ja, nur so ist das Leben doch real, oder? Sicherlich nehmen meine Sinne die Reize von außen immer auf, doch ich schenke ihnen meist keine Aufmerksamkeit. Oder sagen wir, nur wenig und oft nur dann, wenn sie sehr deutlich werden. Also wenn sie irgendwie besonders sind.

Wie viel entgeht mir da doch! Die Langsamkeit ermöglicht mir, achtsam zu sein und bewusst wahrzunehmen. Und das Wahrnehmen ermöglicht mir wiederum, zu genießen und zu erinnern.

Ja wirklich, weniger in einer bestimmten Zeit kann qualitativ deutlich mehr sein. Ich liebe die Qualität. Und die Langsamkeit. Die Muße.

Ja, und dies auch beim Essen!

Dieses köstliche Essen hier. Mediterrane Kost. Gesund und lecker. Mir schmeckt es hier einfach besser als zu Hause. Frischer.

Die Muße schafft Raum, wieder bewusster zu essen. Jeden Bissen in meinem Mund zu spüren, zu fühlen. Den Speichelfluss wahrnehmen. Was macht er mit meinem Bissen? Wie verändert sich der Geschmack?

Ich verzögere das Hinunterschlucken. Will alles auskosten. Alles, was die kleine Traube zu bieten hat, aus ihr herausziehen, die letzte Nuance herausschmecken. Und dann erst, dann schlucke ich.

Wie glatt und rund sie sich anfangs anfühlt und wie sie sich beim Essen verändert: erst kühl, dann wird sie wärmer.

Dann beiße ich drauf, die Schale platzt, und ihr Saft spritzt heraus und ergießt sich in meinem Mund.

Welch eine Geschmacksexplosion!

Und der Duft dazu ist köstlich! Geradezu spannend. Schale und Kerne – nun ja, Bitterstoffe sind gesund, denke ich, und nehme mir noch eine neue Traube.

Fühle sie zuerst mit meinen Fingern, dann meinen Lippen, der Zunge. Sie an den Zähnen entlanggleiten lassend, zögere ich das Zerbeißen hinaus.

Essen ist wahrlich etwas sehr Sinnliches und auch die Sinne Lockendes.

Ich habe Zeit. Welch ein Gefühl! Ich kann genießen, auskosten, wahrnehmen. Versuche nicht zu denken, sondern nur zu fühlen, zu schmecken, zu riechen, den Kaugeräuschen in meinem Mund zu lauschen. Und zwischendurch auch dem Gemurmel der Menschen um mich herum im Speisesaal.

Ich werde freundlich bedient. Wie eine Prinzessin! Ich bin im Augenblick. Nur in der Wahrnehmung meiner Sinne.

Ich schaffe es tatsächlich, einmal nicht zu denken. Es ist, als ob die Zeit stillsteht.

Und: Ich kann essen, solange ich will, und ich brauche keine Konversation zu pflegen. Nicht, als wäre es nicht bereichernd, zu kommunizieren.

Vor ein paar Tagen hatte sie mir ja noch gefehlt, und ich habe mich einsam gefühlt, weil ich hier die Einzige bin, die alleine hier ist und alleine am Tisch isst.

Und jetzt? Jetzt scheine ich es tatsächlich richtig zu genießen. So komme ich mit mir selbst ins Gespräch. In ein echtes Gespräch. Ich höre mir zu. Ganz bewusst.

Natürlich reden immer noch irgendwelche inneren Stimmen dazwischen. Mein Kritiker meldet sich zum Beispiel zu Wort.

Ich höre ihn und stelle jetzt klar: Danke für den Hinweis. Doch jetzt hast du Pause. Nimm dir eine Auszeit. Ich gebe dir frei. Ich habe ja auch Urlaub, und du darfst daher ebenfalls gehen.

Ich bin der Chef. Und wenn du so pflichtbewusst bist, wie du immer tust, dann sage ich dir hiermit: Auch du hast die Pflicht, dich zu erholen.

Huch – mit wem rede ich da gerade wirklich? Selbstgespräche bergen doch erstaunlich viele Erkenntnisse, wenn ich ihnen einmal bewusst zuhöre! Die Ruhe und Aufmerksamkeit mir selbst gegenüber hilft mir, zu unterscheiden und erkennen zu können, wer ich bin.

Ich spüre die Unebenheiten, die noch rauen Stellen, an denen ich anhafte, und scheine auf dem Weg, ein richtiger Handschmeichler zu werden. Da ist es wieder … meine Mundwinkel finden immer öfter die Richtung nach oben.

Morgen will ich sehen, wie es beim Strandspaziergang ist.

Ob ich es dann schaffe, noch mehr im Augenblick zu sein? In der Wahrnehmung von allem, was ist?

Ich lasse mich überraschen.

Vom letzten Morgen

Der letzte Morgen am Meer in dieser Woche. Es ist immer so. Mache ich mir bewusst, dass es nur noch ganz wenig gibt von dem, was ich gern habe, sei es beispielsweise Essen oder Zeit, dann bin ich besonders achtsam und bewusst bei der Sache.

Will alles ganz besonders auskosten und speichern und in mich aufsaugen.

Quasi als Vorrat. Wie Frederick, die Maus, die die Farben des Sommers für die langen Winternächte gesammelt hat. Das Buch hat ein Italiener geschrieben, der Autor, Maler und Grafiker Leo Lionni. Das passt doch mal wieder! Und welch einen klangvollen Namen er tragen darf.

So habe ich mir vorgenommen, dass ich heute als Fredericke ausgehe und noch einmal ganz bewusst Eindrücke und Gefühle und Erinnerungen und Farben sammeln werde, um sie mit nach Hause zu nehmen. Dann habe ich sie in dunklen Tagen und Nächten und kann sie hervorholen, auf dass sie mein Herz und meine Seele erhellen und erwärmen mögen.

Wie gut, dass ich bislang alles aufgeschrieben habe. Ich komme früh raus. Ich glaube, ich bin heute die Erste, die das Hotel verlässt. Wieder ein wunderschöner Tag.

Hier scheint es nur solche Tage zu geben. Ob ich hierher umsiedeln soll? Ich nehme mir spontan vor, zu Hause einen Sprachkurs für Italienisch zu belegen.

Heute trage ich mal meine Wasserschuhe mit Socken drin. Uncool, aber egal. Hier kennt mich ja keiner. Also erst ein wenig am Strand entlang. Es sind noch weniger Menschen da als gestern. Gut, dass ich so früh dran bin.

Welch ein Tag wird es heute sein? Den Krabbentag hatte ich schon und den der Einsiedlerkrebse und den der kleinen Fische …

Nun, ganz gleich, ich werde einfach alles genießen!

Von den kleinen Blumen, die fürsorglich von dem Liegestuhlvermieter gegossen werden, bis zur Sonne, die wieder für uns alle da ist, erfreut alles mein Herz. Mein Mund, ja mein ganzes Gesicht kann einfach nur lächeln.

Wie fühlt sich der Sand heute unter meinen Füßen an? Kleine Muschelstücke bersten, wenn ich mit den Schuhen darüber laufe. Ich gehe mal etwas schneller, mal etwas langsamer. Ich atme leicht und dann wieder tief. Spüre, wie sich die Luft auf meiner Haut anfühlt. Samten und weich.

Meine Lungen sind glücklich. Ich atme ein und aus. Und ich fühle das Leben in mir. Ganz leicht und sanft geht das. Es atmet mich. Welch ein Gefühl, lebendig zu sein!

Das Glitzern der Sonne auf den Wellen. Die Wellen und das Muster der Wellen im Sand. Die Brechungen des Lichts im Wasser und die Muster, die dabei entstehen. Das leise Plätschern – alles ist einzigartig. Einmalig. Nichts kommt mehr genauso zurück …

Ich bleibe stehen. Nicht nur die Nordsee hat Gezeiten. Und heute morgen haben wir ein schönes Watt. Und besonders fallen mir die vielen Wurmringel auf. Das sind fast schon kleine Burgen.

Auf einmal bemerke ich etwas Merkwürdiges: Kleine Wasserfontänen kommen aus dem Wattboden hoch.

Es sind einzelne kleine Spritzer. Wie kleine Fontänen. Und in Tropfen fallen sie wieder herab. Eine Höhe von etwa 20-30 Zentimeter schaffen sie manchmal. Und immer an anderen Stellen erscheinen sie.

So etwas habe ich ja noch nie gesehen! Wer oder was ist verantwortlich dafür? Ich lege mich quasi auf die Lauer. Ob es eine Art Wattwürmer sind, die dieses Phänomen verursachen? Oder sind es die Muscheln, die sich eingraben?

Das will ich mal fotografieren. Ich muss es genau abpassen, denn wie schnell ist so ein kleiner Fontänenspritzer wieder vorbei. Und wo wird der nächste erscheinen?

Zahllose Fotos entstehen, die wieder gelöscht werden können. Doch ein paar gelingen. Toll. Ich komme mir vor wie ein Kind, das gerade die Welt entdeckt!

Und dann ist da auf einmal noch ein besonderer kleiner Fisch. Er ist braun-hell-gefleckt und vielleicht etwa 13 cm lang. Was ist denn das für einer? Schwimmt im superflachen Wasser eifrig herum und scheint auch Luft atmen zu können. Vielleicht ein Lungenfisch?

Sehr flexibel ist er jedenfalls und anpassungsfähig. So möchte ich auch sein! Zu Hause muss ich mal sehen, ob ich herausfinden kann, wie er heißt.

Nach ein paar Fotos von diesem einzigartigen Fisch entscheide ich mich, meine Wasserschuhe als solche auch einmal richtig zu nutzen.

Ich gehe etwas tiefer ins Meer hinein. Das Wasser wird kälter. Gehe ich durch seichtes Wasser, wird es wieder wärmer. Heben sich die Füße, dann strömt das Wasser zwischen Schuh und Fuß und umspült sie mild.

Naja, ist ja nichts Besonderes, denke ich. Und doch irgendwie schon, wenn ich meine Aufmerksamkeit darauf richte. Dann wird es zu etwas Besonderem

Es tut gut, sich diesen Reizen einfach hinzugeben. Wie hört es sich an, wenn ich durch tieferes und wie, wenn ich durch seichteres Wasser gehe? Die Geräusche des Wassers sind mal voller und lauter, mal leichter und leiser. Ich wirbele Sand auf und gebe acht, dass ich nicht auf irgendein Tier trete.

Und da kommt noch einmal eine kleine helle Krabbe vorbei, sagt „hallo“ und vielleicht „auf Wiedersehen“. So, als ob sie mich belohnen wollte für meine Erkenntnis des Loslassens.

Ein herrlicher Tag. Ich sauge alles auf. Bin wahrlich eine Fredericke.

Die Zeit vergeht, obgleich ich trödele und zeitweise das Gefühl habe, als gäbe es gar keine Zeit.

Die Sonne wird wärmer, und das sagt mir, dass es bald soweit ist: Mein geliebter Morgenspaziergang neigt sich dem Ende zu.

Ich möchte sie so gerne anhalten, die Zeit. Soooo gerne!

Inzwischen sind mehr Menschen hier am Strand. Der kleine Verkaufsstand ist heute ein bisschen näher an mein Hotel gerückt.

Früher gab es mehr Händler hier. Händler, die gar keinen festen Stand hatten. Sie hatten nur ein Tuch, auf dem sie ihre Ware ausgebreitet feilboten. Das war irgendwie urig.

Heute ist sicher alles noch mehr reglementiert, und sie trauen sich das nicht mehr.

Früher war es ja auch nicht erlaubt, aber es gab sie doch, und wenn Polizei kam, mussten sie schnell sein.

Das Hotel nähert sich unaufhaltsam, wenn ich auch noch so trödele.

Erbarmungslos kommt mir das vor, dabei bin ich es doch, die in die Richtung geht.

Es wird Zeit. Zeit, dem Strand auf Wiedersehen zu sagen. Und Dankeschön! Danke an alle.

Danke dem Sand und dem Meer, den Wellen, Muscheln, Krabben, Einsiedlerkrebsen, Algen, Schnecken, Minisardinen und auch den Menschen.

Den fremden Menschen um mich herum, mit denen ich mich auf besondere Weise verbunden gefühlt habe. Sie sind hier, wie ich, und erholen sich, genießen ihren Urlaub, das Leben. Das verbindet uns Unbekannte auf besondere Weise.

Da ist schon mein Hotel. Ein letzter Blick auf das Meer an diesem wundervollen Morgen.

Noch einmal alles intensiv wahrnehmen: die weiche Luft im Gesicht, wie warme, sanfte Liebkosungen zum Abschied.

Die Geräusche, die Gerüche, das Licht, der Sand ...

Ich werde alles vermissen. Seufz ...

Na, jetzt aber los. Es gibt Frühstück!

Abschied

Abreisetag. Heute gibt es keinen Spaziergang mehr. Leider. Der Koffer ist gepackt, Trinkgelder verteilt, der Speisesaal noch nicht geöffnet, aber ich darf schon hinein und etwas frühstücken.

Noch mal alles anschauen, denke ich. Nette und flinke Ober und allseits eine freundlich zugewandte Stimmung. Alles sauber und gepflegt. Appetitliche, köstliche Speisen.

Hier habe ich mein Essen wieder neu essen und lieben gelernt.

Und ich habe wieder zu mir gefunden.

Ein Seufzer durchströmt mich schon wieder – einfach noch einmal ganz bewusst hinfühlen ...

Die Rückfahrt steht an, und ich muss los. Roberto fährt mich. Wir unterhalten uns auf der Fahrt in englischer und deutscher Sprache. Er ist wirklich ein sehr sympathischer junger Mann.

Ich nehme mir noch einmal vor, Italienisch zu lernen. Ich liebe Italien. Woher kommt das bloß?

Am Flughafen begegnet mir ein junges Pärchen. Es wartet vor mir am Check-in. Sie trägt ein T-Shirt mit dem Aufdruck: Eat, Sleep, Repeat! Wie amüsant! Und wie passend besonders zu meinen ersten Tagen hier!

Es ist ein guter Flug. Meine Sitznachbarin, eine nette ältere Dame, erzählt mir, dass auch sie es liebt, hierher zu fahren. Sie bleibt immer vier Wochen! Hm – vielleicht mache ich das auch, wenn ich mal älter bin.

In München steige ich um in das Flugzeug nach Köln. Im Auto auf dem Weg nach Hause ist das erste Lied, das ich höre: „Ich muss noch 135 Mails checken …“

Und wirklich unmittelbar danach, quasi als Kontrastprogramm, ertönt ein Lied in italienischer Sprache, das italienische Lebenslust, Lebenskunst, Lockerheit und Leichtigkeit pur ausstrahlt.

Wirklich erstaunlich. Warum gerade diese beiden Lieder unmittelbar nacheinander und gerade in dem Augenblick, in dem ich das Radio anschalte?
Ein Zeichen? Es passt jedenfalls mal wieder.

Deutschland und Italien am Meer, Anspannung und Entspannung, Zielstrebigkeit und leben lassen. Wie Yang und Yin. Ein bisschen wie Vater und Mutter, denke ich. Nun ja, da habe ich vielleicht auch Vorurteile und Illusionen und Vereinfachungen mit hineingepackt. Doch es sind anscheinend Kontraste, die in Balance kommen wollen. In mir.

Ich will wieder einmal nach Italien reisen, beschließe ich. Unbedingt. Es ist für mich dort wie wohl für andere im Kloster oder auf einem einsamen Berg.

Nein, es war letztlich bestimmt schöner. Allein und doch nicht allein. Mit mir selbst quasi zu zweit. Vereint mit der Vergangenheit und der Gegenwart. Geborgen in der vertrauten Fülle um mich herum. Und genauso wundervoll zu mir führend und meine Sicht erweiternd. Welche Perlen habe ich dort gefunden!

Vielleicht schon im nächsten Jahr fahre ich wieder hin. Dann möglicherweise sogar für zwei Wochen. Und ich werde dann mehr unternehmen.

Fahrradfahren, ein Ausflug nach Ravenna, und nach Rimini, Minigolfspielen …

Ist das jetzt wieder eine leichte Gier? – Nein, ich beschließe: Es ist einfach nur liebevolle Selbstfürsorge und die pure Lebenslust!

Die Selbstbeobachtung funktioniert schon richtig gut, denke ich. Und das mit der Balance werde ich auch noch hinbekommen, da bin ich jetzt zuversichtlich.

Es ist wie ein Wunder, ich glaube fast, dieses Lächeln auf meinem Gesicht hat den Rest meines Körpers nun auch in Besitz genommen. Nur zu – bleib einfach!

Ciao, bella Italia! Grazie e arrivederci!

Dank

An dieser Stelle möchte ich zunächst dem Leben selbst danken. Das Leben beinhaltet für mich an erster Stelle das Unerklärliche, das allem, was ist, innewohnt und es bewegt. So bewegt es auch mich. Ich fühle mich von ihm geführt, gehalten und getragen und beschützt. Es lässt mich sein und inspiriert. Und dies in mannigfaltiger Art und Weise.

Ich danke all meinen Ahnen, die mir mein individuelles Leben durch ihr Leben, ihr Streben und Lieben ermöglicht haben.

Allen Menschen, denen ich begegnet bin, bin ich von Herzen dankbar. Hierzu gehören insbesondere meine Freunde und Bekannte, aber auch Kollegen, Behandler, Ratgeber, Handwerker, Postboten ...

Denn durch die Begegnung und den Austausch mit ihnen durfte ich mich verändern, durfte die werden, die ich heute bin.

Die Frau, die dieses kleine Büchlein geschrieben hat. Für sich und vielleicht auch für dich.

Ich danke dir.

Zur Autorin

Elke Maria Raue, Jahrgang 1963, startete ihren beruflichen Werdegang 1985 als Diplom-Verwaltungswirtin (FH).

Das Interesse für den Menschen mit all seinen Facetten und für Gesundheitsthemen führte sie zu verschiedenen Ausbildungen. So ist sie seit 1994 auch als Ernährungs- und Lebensberaterin und seit 1998 als Heilpraktikerin tätig.

Das erworbene Wissen an interessierte Menschen weiterzugeben, erfüllt sie mit Freude.

Ihre Seminar- und Vortragsthemen sind u. a. Mineralsalztherapie nach Dr. Schüßler, Antlitzdiagnostik nach Hickethier, Dorn Breuß-Behandlungen, Reflexzonentherapien, Blütentherapie, Schmauen®.

Zu ihren Hobbys Fotografie und Malerei ist eine weitere Passion hinzugekommen: das Schreiben.

Schreiben aus einem Bedürfnis heraus und mit dem Ziel, den Lesern Freude zu schenken und sie auch ein wenig zum Nachdenken anzuregen.

Kontakt:

E-Mail: e-raue@t-online.de

FSC
www.fsc.org
MIX
Papier | Fördert gute Waldnutzung
FSC® C083411

Kolibri 360 GmbH
Ferdinand-Jühlke-Straße 7
99095 Erfurt, Deutschland
produktsicherheit@kolibri360.de